주인 잃은 마차

주인 잃은 마차

최신림 열 번째 시집

인간과문학사

시인의 이야기

시간이 무엇일까요
잡으려 하면 손가락 사이로 빠져나가
바람으로 사라지는 무형의 허상입니다

불면의 바람이 부는 날엔
그간 모아 둔 허상을 엮어보았습니다

백지에 쌓인 각지고 모난
언어의 뼈들이 빼곡하게 쌓여
詩가 되고 삶이 되었습니다

오늘 지나 내일로 걸어가는 길엔
과거의 흔적이 꽃으로 피었다지고

길에 떨어진 꽃은 기쁨이 되어
많은 사람에게 희망을 주었습니다

2024년 연록의 계절
동학의 성지 정읍 황토현에서

목 차

시인의 이야기 - 4

1부 디카 시가 있는 풍경

기도 - 12
상생 - 13
희망 사항 - 14
파혼 - 15
여유 - 16
다크 서클 - 17
침묵 - 18
풍경 - 19
궁금증 - 20
위대한 건축가 - 21

2부 흙냄새가 좋다

탁란 - 24
그리움 건지다 - 25
늙은 어부 - 27
창포 - 29
송화염 - 30
어설픈 변명 - 31
뻐꾸기는 울지 않았다 - 32
어제 같은 오늘 - 34
팽팽하게 맞서다 - 35
흙냄새가 좋다 - 36
주산지 - 37
어디가 한계점일까 - 38
공허 - 40

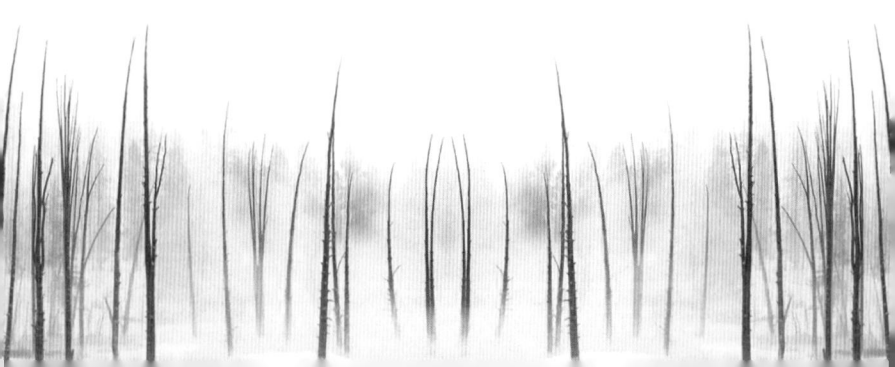

3부 주인 잃은 마차

꽃과 비 - 42
당연한 이치 - 43
쪽방촌 - 44
바람의 안식처 - 45
생명력 - 46
정점의 계절 - 47
주인 잃은 마차 - 48
목각인형 2 - 50
탄핵 - 52
달빛 사냥 - 54
계절 여행 - 55
태초의 업보 - 56
파면 - 57
소문 - 58

4부 새로운 날

꽃은 피고 - 62
봄 그리고 - 63
새로운 날 - 64
바람은 불어야 제맛 - 65
꽃은 지고 - 66
로드 킬 - 67
단비 - 68
자라나는 봄 - 69
이별 연습 - 70
염원 - 71
봄을 느끼다 - 72
무르익는 밭 - 73

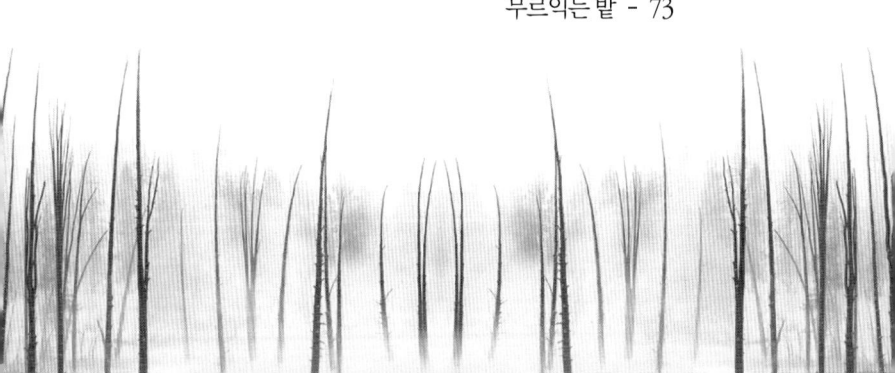

5부 텃세

돌 토끼 - 76
묵언의 합장 - 77
불안한 하루 - 78
자연의 오묘함 - 80
은근한 기대 - 81
낭패 - 82
이름값 - 84
함박웃음 - 85
텃 세 - 86
춘곤증 - 88
기생충 - 89

6부 그렇게 간다

오춘기 1 - 92
여운 - 93
예감 - 94
한 컷 - 95
흑역사 - 96
지우개 - 97
오래된 나무 - 98
내리사랑 - 99
그렇게 간다 - 101
성하의 계절 - 102
잊고픈 달 - 103

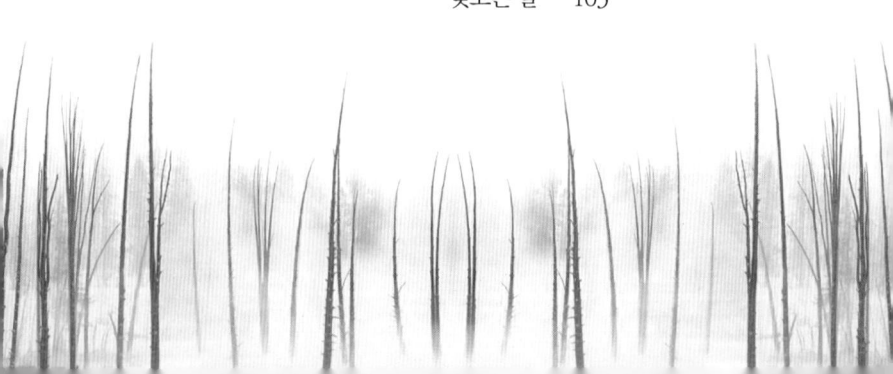

7부 **할미꽃**

아름다운 조화 - 106
다시 찾은 망제봉 - 107
마중물 - 109
오춘기 2 - 110
공평과 불공평 - 111
할미꽃 - 112
간절함 - 114
질투 - 115
생채기 - 116

8부 **보리끄스름**

홀로서기 - 118
어떤 소리가 날까요 - 119
뱀딸기 1 - 120
뱀딸기 2 - 121
보리 끄스름 - 122
아마 지금도 - 123
탐방길 - 125
치솟는 시간 - 126
위대한 숫자 - 127

평설
하늘과 땅을 일구는 역사의 사람 | **이동희**(시인, 문학박사) - 128

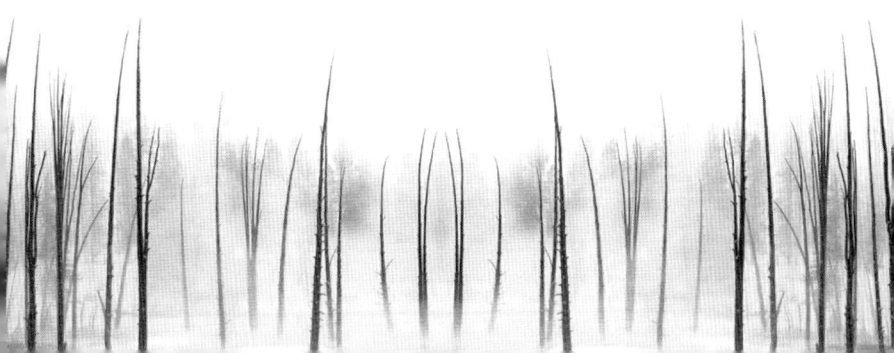

1부

디카 시 있는 풍경

기도

하늘과 산을 받들고 있는 물
때로는 짜증 나고 보기 싫어도
맑은 날에는 산 그림자를 가슴에 품는다

손을 맞대어 합장하고 있는 풍경
자연이 사람에게 베푸는 오묘한 선물이다

상생

자두꽃 찾아 날아든 꿀벌
오동통한 화분花粉 좀 봐

씨방 드나들며 조막만 한 입으로
얼마나 많은 꽃을 농락하였을까

봄은 한참 열애 중이다

희망 사항

보송보송 발그레한 볼
주위를 둘러보니 아무도 없다

나보다 먼저 세상에 나온 꽃들의
혹독했던 겨울이야기
재잘거리는 바람 끝에서 들어보고 싶다

파혼

남몰래 휴대폰 열어본 것이 화근이었다
검은 머리 파뿌리 될 때까지
함께 지내자 약속했는데 깨지고 나서야 알았다
작은 바람구멍이
삶을 송두리째 흔들어 놓을 줄 몰랐다

여유

빈집 등에 지고 마실 나선 느림보
동네 한 바퀴 돌아야 하는 강박감
바삐 기어가는 더딘 발걸음 숨이 차다

봄바람에 벚꽃이 모두 흩날리고
철쭉꽃이 뚝뚝 떨어지기 전까지는 돌아오겠지

다크 서클

담장에 소담스럽게 걸터앉아
지나가는 사람 눈길 사로잡는다
복스러운 꽃 잔디
남몰래 옮겨갈까 봐
시름시름 그림자 짙어 간다

침묵

고샅길 지나 논과 밭 오가며
고래고래 소리 질러
동네방네 속 뒤집어 놓더니
입 다물고 조용하다
한 마리 순한 양처럼

풍경

갈대 사이로 숨어버린
여름날 천둥소리
바람 불면
사르락 사르락
얼굴 내미는 그대 조용하다

궁금증

녹으로 번진 시간
백합을 그리워하였다

붉으락푸르락 화났을
땡볕에 갈증 난 화초들
주인은 어디 갔을까

위대한 건축가

얼키설키 모여 사는 삼층집
바람에 날아갈까 폭설에 무너질까
바라보는 사람 마음은 두 근 반 세 근 반

새끼들이 허둥지둥 날뛰어도 층간 소음 없이
견고한 집 지은 까치는 뛰어난 예술가다

2부

흙냄새가 좋다

탁란

조물주가 무겁게
내린 형벌

오목눈이 둥지에 알 낳고
목이 터지도록 우는 어미새

두견이는
철쭉이 다 질 때까지
눈물 흘리고 있다

그리움 건지다

밤하늘
별을 낚는다

바늘에 걸린
동주[1]의 별 하나와
별 헤는 밤을 끌어 올린다

북간도 그리워하며
열도의 감옥에서
얼마나 많은 눈물

딱딱한 마룻바닥에
손톱으로
차갑게 써 내려갔을까

오늘 밤에도
바람에 사라지는

---

1) 윤동주 시인

수많은 별을 바라보고

다 헤아리지 못했던
그리움 건져 올리고 있다

늙은 어부

검푸른 바다 벗 삼아 칠십 넘게
갈라진 손바닥으로 파도 퍼 올려

일곱 자식 남부럽지 않게 키웠다는
등 굽은 어부 입에서 울고 웃던
지난 일들이 바닷바람으로 왈칵 쏟아진다

해풍 실은 배가 석양을 등지고
뭍으로 줄지어 들어오면
기다랗게 골 파인 팔뚝에 힘이 들어간다

바닥에 꿈틀거리는 농어
꼬리가 파닥거릴 때마다
짜디짠 일과들이 땀방울로 떨어져
주름진 얼굴은 환한 웃음꽃 핀다

갯골 따라 이어진 밀물
닫아 두었던 바닷길 시원하게 열어주면

달달한 노을 안주 삼아
술잔에 출렁 거렸던
주름진 하루 입에 털어 넣는다

창포

아무도 찾지 않는 뒤란에
핀 꽃은 수줍어하던 누님 얼굴

가난은 숨길 수 없는
너도나도 다 같이 짊어지고
걸어야 했던 쓰라린 고갯길이었다

입 하나 덜기 위해
먼지 쌓인 옷 공장에서
재잘거리는 재봉틀 사이로
청춘을 박음질하여
콜록콜록 미소를 모두 소진한 누이

누렇게 변한 허접했던 시간과
물기 빠진 빛바랜 손등에서
시든 꽃이 떨어지고

지문 닳은 무딘 아픔
애써 지우고 있다

송화염

쑥국에서
소나무 냄새가 난다

곰소만 건너온 봄볕에
몸피 줄여
내변산 내려온 바람으로
땀방울 말렸다

송홧가루 내려앉은 금싸라기에
짭조름한 마음 가득 담아
비릿한 갯바람 싫어 멀리 도망친
내게 보내왔다

아침밥상에서
파도가 일렁거린다

어설픈 변명

푸석한 풀잎에 내려앉은 이슬
바람이 부드럽게 털어내고
밋밋한 그 자리에
부서진 초침 시간으로 쌓았다

과거로 가는 오늘
정체성 잃은 생각은 나를 붙잡아
오가도 못하게
골목 어귀에서 맴돌이하고

구름이 태양을 집어삼켜
사라져버린 내면의 나를 찾아
질척한 길 나섰다

갈 길은 아직 멀고도 멀어
변명 아닌 변명을 백지에 늘어놓는
어설픈 내가 밉다

뻐꾸기는 울지 않았다

찔레꽃 시든 미소는
허름한 담장 움켜쥐고
땅을 바라보던 꽃술은 눈 치켜들어도
뻐꾸기 소식을 좀처럼 듣지 못했다

뙤약볕에 타들어 가는 찰보리
비바람이 비집고 들어와도
봄 가뭄 해소하지 못하고
휘파람새 둥지에 낳았던 탁란을
시간이 해지도록 그리워하였다

코로나 19 범유행에 확신할 수 없는
화이자 백신 맞은 건장한 오십 대 가장은
행복했던 삶이 열꽃으로 떨어져
우리 곁을 영영 떠나 울음바다였다

뒷산 나뭇가지에 매서운 새들
차갑게 앉았다 날아갔어도
누구 하나 태양 향하여

돌팔매질하지 못한 맹한 눈망울만
공중 바라보고 깃털 쓰다듬을 뿐

인과 관계에 대하여
시원하게 대답해 주는 사람 없고
입단속하는 따가운 햇볕이 야속하다

연록으로 물들어가는 텃밭에
서너 알 심었던 참깨
달콤한 흙 맛을 보았는지
영역을 자꾸 넓혀가도
뻐꾸기는 우리 곁으로 돌아오지 않았다

어제 같은 오늘

오지랖 넓은 시간 갈수록 팽배해져
생각의 그늘에 갇힌 삶의 쪽배
뜬구름으로 하루를 저어

오아시스였던 청춘
사하라 사막 중간쯤에서 고갈되어
자오선을 서서히 지워가는
휘몰아치는 모래 바람이었다

인생 지표로 반짝였던 별 하나
빛 잃고 흐릿해
잡힐 듯 아른거리는 신기루만
지루한 갈증 달랜다

둥글게 부서지는 초침
모래 바람에 날리고
사라진 숫자는
지평선 끝에서 돌아가고 있다

팽팽하게 맞서다

거미가 쳐놓은 줄에 걸린 바람
밖으로 빠져나가려 안간힘 쓰면
떨림은 내면으로 흔들거린다

거친 몸부림 밀어낼수록
바짝 달라붙어 떨어지지 않고
더욱 움켜쥐는 물방울
냉정하게 중심 밖으로 떨궈 버렸다

머릿결을 땅으로 늘어뜨린 버드나무
바람 붙잡아 그네 타는 것인가
바람이 가지 붙잡고
머리채 흔들어 농락하고 있는 것인가

나무는 한 치 양보 없이
봄 햇살과 바람에 맞서
팽팽한 기싸움 한창이다

흙냄새가 좋다

바짝 마른땅으로 떨어지는 비가
흙을 톡톡 말아 쥐고

움푹움푹 파인 흔적
높낮이 불규칙한 음으로 튀어 올라
단맛보다 더 정겹게 코가 먼저
냄새 알아채고 잽싸게 반응한다

목 타들어가는 오후
푸석한 황토에
굵은 빗줄기 한바탕 쏟아지면
스펀지처럼 순식간에 물을 빨아들여

백 년 넘게 움츠려 있던
동학에 쓰러진 곰삭은 뼈 냄새
사방으로 흩어진다

비 내리면 갈라진 상처
꼼꼼하게 봉합하고 공중으로 내뱉는
마른땅 삭힌 흙냄새가 마냥 좋다

주산지

내 몸을
얼마나 더
맑은 물에 우려내야

하늘처럼
새파랗게 물들일까

산 그리메
불어넣었더니

버들가지
잔잔한 물속으로 들어가고

하늘과
산과 물을
하나로 연결해 주는
풍경이 나는 좋다

어디가 한계점일까

불면이 발작하면 시곗바늘 꺼내
흘러내리는 머릿속 그림을
화폭에 담아 시원함 느낀다

뜨거움과 차가움의 경계점
무수하게 꺾였던 열정
감각으로 그렸다가 지웠다가

공간을 잡아먹은 반복의 습성
새로운 길 만들어 가고 있다

끝없이 이어지는
정령들만 돌아다니는 새벽 세 시 반
싸락싸락 빗자루로
쓸어 담는 촉감의 부스러기

젖몸살이 심한 날에는
끝이 다 달아빠진 몽당연필 한 움큼
새벽 귀퉁이에 툭 던져 놓고 늦잠에 빠진다

야속하다

텃밭은 살아있다

아침나절 한 시간
점심에 간식으로 삼십 분

오후에는 아쉬워서
해 넘어갈 때까지
잡초를 샅샅이 뽑아

다음날 밭에 가보니
웬걸 웃자라
나를 바라보고 비웃는다

잡초만 없으면 두 어 필지
밭농사도 거뜬하게 지을만한데

거름 주지 않아도 잘 자라나는 풀
채소는 왜 더디 자라는지 야속하다

공허

촘촘한 빛으로 둘러싸인
정지된 시간
푸석한 바람으로 지워

맥 못 추고 석양에 펼친 노을
텁텁한 입에 털어 넣었다

입속에서 되새김질하는 태양
덜 발효된 시큼함

식어버린 한낮의 열기
무리별로 동진강에 떨어지고

강줄기 따라 핀 개망초
자투리 별 모조리 쓸어 가버렸다

3부

주인 잃은 마차

꽃과 비

떨어지는 꽃에 날개가 있다면
공중을 얼마나
자유롭게 날아다닐 수 있을까요

무수한 꽃은 피고 지고
미끄러지는 물살 따라 흘러갔지요

동진강에 비 내리는 날엔
그동안 피고 졌던 꽃이
여기서 지냈노라고

아직 다 이야기하지 못했던
지난가을 날 풍경이
물오리 날갯짓으로 퍼덕입니다

당연한 이치

누가 알려주지 않아도
자연의 연결고리
때가 되면 순리대로 돌아간다네요

겨울 끝자락에 떨고 있는 햇살
주섬주섬 양지로 보내면

파릇하게 웃음 짓는 봄동
겹겹으로 어깨동무하여 해바라기 하고 있네요

맵게 굴던 추위도 물러가야 할 때를 알고
따스한 햇볕이 시들 때까지
동장군 털어내고 있는 아지랑이

한가로운 감나무 아래서
낮과 밤 바꿔 가며 밀고 당기고
베 짜듯
잘 짜 맞춰 돌아가네요

쪽방촌

뒤란에 모여 사는 창포
절름 절름 비집고 들어와
침침한 골방 돌아다닌다

도로를 끌고 가는 낡은 손수레에
가득 실린 가난의 땀방울
아스팔트 축축하게 스며들고

폐지에 묻어난 서러운 배고픔과
때 묻은 벽 기어오르는 푸른곰팡이

냉정한 도심 벗어나
굽이지고 비탈진 길 따라
늘어서는 느릿느릿한 그림자

쪽 찐 머리에 숨겨진 주름진 이야기
다 펼치기도 전에
장맛비는 습하게 내 가슴 짓누른다

바람의 안식처

하늘을 벗 삼아 노닐던
바람 지쳤나 봅니다

물길 잃어버린 백로
허둥지둥 둥지 찾아
동진강에 내려놓는 지친하루

숭숭 뚫린 구멍 사이로
구름이 지나가고
이슬로 떨어지는 달과 별

모래톱 중간에 써 내려갔던 별자리
꾹꾹 손으로 눌러
지금도 써 내려가고 있습니다

안정 찾지 못한 마음
서걱대는 갈밭에
동심을 내려놓으니
시끄럽던 강은 조용해졌습니다

생명력

부드러운 손 뻗어
단단한 아스팔트 뚫고 올라오는
풀 한 포기에도
햇볕은 공평한 나눔하고

구름으로 흘러 다니는 하늘 이야기
가끔 단비로 내려주기도 하였다

대롱 타고 땅속뿌리까지 전하는
달과 별들의 소소한 이야기

비가 그치고 끝없이 밤하늘에 펼쳐진
은하수 바라보는 쇠뜨기 풀은
습한 무더위 악으로 버티고 있다

정점의 계절

여름은 꼭짓점에 올라서고
활짝 핀 능소화 고개 치켜들어

이깟 무더위쯤은 추워질 겨울
생각하여 이 악물고 견뎌내야겠지요

끈적한 비는 땅을 후비고
바람은 골 따라 동진강 흘러

빗물로 지워진 얼굴
점들로 퍼져

팔월 지나 무더위 수그러들면
작년에 채색 다 못 한 내장산 단풍 꺼내

빛바랜 가을과 겨울
산여울 넘치도록 채우겠습니다

주인 잃은 마차

바람이 올곧게 펼친 굴곡의 시간
무의미하게
허비하지 않으려 노력하였습니다

반복하는 습성을 잃어버린 시계추
잡스럽게 살았던 허물 벗어
무형의 껍데기로 살아간다는 것이
참으로 창피하고 민망하기 짝이 없습니다

실패했던 어설픈 변명 늘어놓고
엉켜버린 기억을 부러진 지우개로 지워
밤하늘 올려다보니 무리별은 과거로 흘러
불투명한 구름만 천궁을 거닐고 있습니다

쭈그러진 경도와 절름거리는 위도를
하나도 남김없이 탈탈 털어 탕진하니
가치 없는 오늘은 손아귀 빠져나가

골마지 낀 곰삭은 미련 털어내고
때 낀 거울에 비친
낯선 얼굴 들여다보니
헝클어진 실타래로 흐릿하게 풀어진
자질구레한 모습이 슬퍼 보입니다

내쉬는 숨소리에 바스러지는 시곗바늘
진솔한 나를 찾아 먼 길 재촉하여 떠났습니다

희망이 사라진 거리에서
딸그랑거리는 불빛이 길목으로 즐비하게 울려 퍼져

회벽으로 스며든 내 안의 나를 찾아
태양이 해넘이로 사그라질 때까지
주인 잃은 마차 타고 내일로 가고 있습니다

목각인형 2

지친 하루 접은 노을, 넓혀가는 땅거미
뒷골목 야금야금 먹어치웠다

어둠 걷어내고 울긋불긋
다채로운 꽃들이 피어나는 홍등가
짙은 화장 하고 손님 맞을 준비 한다

깊게 빨아 마시는 담배 한 모금
내뱉는 연기 속에 감추고 싶었던 이야기

어린 나이에 짓밟힌 처녀성
짐승 같은 보육원 빠져나와
음식점, 치킨집, 편의점, 피시방
뼈가 부서지도록 일하여도 손에 남는 것은 몇 푼

쉽고 편하게 돈 벌 수 있다는 솔깃한 말에
두려움과 무서움 안고 문을 잡아당긴 밤의 세계

낯선 사내가 권하는 양주잔
헛웃음 웃으며 삼켜야 하는 하루

오늘이 마지막이라 독하게 마음먹지만
나는 없고 술에 취한 지폐 몇 장이
브래지어에 처박혀 헤죽헤죽 웃고 있다

굴레 벗어나고 싶어도 쌓여가는 빚
독촉하는 눈초리 목을 옥죄여
남은 생 놓아 버려도 되살아나는 질긴 목숨

눈물로 허물을 깎아
자신을 태워가는 말이 없는 목각인형

다 타다 만 재 남겨 놓고
바다가 오라 손짓하는
남쪽으로 훨훨 날아가 버렸다

탄핵

칠보산 눈썹달이
실눈으로 떠오르면
시퍼런 이끼는
시무룩한 성벽 기어오르고

차가운 돌에 달라붙어
잘려나간 어느 폐 왕조
초승달 숨죽여 울고 있다

가파른 산에
발 묶여 오가도 못하고

능선에 돋은 솔이끼
후미진 습한 골 찾아
산 중턱 야금야금 먹어치운다

잃어버린 영토에 축축하게 쌓인
외톨이 포자는 고목에서 꽃으로 피어나고

골과 계곡에 둥근달이 뜨면
잃어버린 영역 넓혀 간다

달빛 사냥

밀 창 드르륵 열고 들어오는
한 줄기 빛

나뭇가지에 걸린 배고픈 달
무형의 시간 무수히 베어 먹고
둥글게 배불러갔다

밤 지기는 화살촉 힘껏 당겨
바람의 반대편 고독한 달을 쏘아

널찍한 가슴에 활 맞고
숨을 거둔 보름달
영주산 자락에 떨어져
사슴 눈으로 사라져버렸습니다

칠흑 같은 밤이 오면
온기 남은 조각난 달은
현암다원 모퉁이를
반딧불이로 날아다닙니다

계절 여행

땅으로 떨어진 장미
호주머니에
쑥 밀어 넣고

지워버린 오월
유월 낯설게 맞이하여
집을 나섰다

꾸깃꾸깃한 가시넝쿨
깜박이는 모스부호 싣고
외딴섬으로 떠난 지 오래

끝점으로 달음질하는 꽃향기
끈적끈적한 입술 훔쳤다

태초의 업보

금단의 땅 남몰래 숨어들어
선악과
건네준 대가 가혹하였다

까칠한 땅에 쓰인 전생 업보
부드러운 배로 문질러

차가운 비늘에 적힌 흐릿한 죄
한 겹 벗기려 이 악물고
촘촘한 탱자 울타리 찾아

날카로운 가시와 가시 사이 지나며
지난 과거 벗겨내 죽을 때까지
참고 견뎌야 하는 반복의 숙명

침묵하는 땅에 납작 엎드려
하늘 바라보지 못하고
원망스러운 조물주에게
흐물거리는 허물 벗어던지는
가련한 배~엠

파면

연약하고 매끄러운 꽃
무형의 날카로운 발톱 치켜세워
태양의 목 비트는 오후

조각조각 부서지는
소나기로 시원하게

매 발톱으로 군림했던 군주
맥 못 추고 무너지고 말았다

버림받지 않으려
가시 발톱 거둬들이고
군중 향하여 몸부림치는
씁쓸한 꽃

소문

땅에 떨어진 덩굴장미
꿋꿋하게 꽃 피워
향기로 답하고

티 없이 미소 짓는 오월
대학생이었던 윗집 아재
지금도 행방을 알 수 없고

아들을 가슴에 묻고
가시 돋는 계절이 오면

날개 잃은 어미 새
따오기 밭을 떠나 버렸다

무쇠도 사그라지게 하는 바람
눈물 닳도록 불어

함박웃음으로 미소 짓던 아재
영영 돌아올 수 없다고

썩을 놈의 소문
흉흉하게 귀엣말로 전해주고 있다

새로운 날

꽃은 피고

두루미 물질하던 동진강
영주산에 태양은 지고
강어귀 오가는 발길 붙잡는다

온화한 바람 끝에
묵은 겨울 털어내는 개나리

휘어진 나무에 피어난 꽃
사람처럼 말할 수 있다면
얼마나 예쁜 말을 할까

고개 치켜든 꽃술
강바닥 훤히 보이는 비련悲戀
물비늘로 지워

빈자리에 차분한 봄
하나씩 채워가고 있습니다

봄 그리고

봄을 그리워하는 비가
구름 앞세워
메마른 땅으로 떨어진다

푸석한 흙으로 스며든 비
바람 끝에서 꽃 냄새가 나고

벚꽃은 이별이 아쉬운지
멀리 달아나질 못하여
웅덩이에 그렁그렁 눈물로 출렁인다

계절을 거꾸로 달음질하는 눈
때늦게 노고단에 내리고

마라난타 존자가 걸어갔을
법성포구에 봄비가
바라밀다심경으로 내리고 있다

새로운 날

뉘엿뉘엿 날개 접어
일과 마무리하는 태양

수줍어 하는 노을은
늦장 피우는
피곤한 달 불러들인다

지등紙燈 치켜들고
사뿐사뿐 걸어오는
여인 손끝에서 피어오르는

낯 뜨거웠던 욕정
술잔에 떨어져

달과 사라진 별은
참스런 새벽 낳는다

바람은 불어야 제맛

양지에 자리 잡은 민들레
홀씨 하나 공중으로 날아

망제봉 칠 부 능선 따라
가쁜 숨 소나무에 걸어놓는다

귀에서 이명으로 소리치는 파도
비 맞은 대지 뚫고 지나가면
COVID19 아픔 잊어가겠죠

살가운 바람 모였다 흩어지고
봄바람도 가끔은
맵고 아리게 불어야 제맛이겠죠

꽃은 지고

눈 속에 숨어있는 오전 열 시
늦장 피우는 태양 얼굴 내밀어
춥고 헐벗은 어둠 털어냅니다

지난밤 바람이 매섭게 볼 꼬집었던
얼음 남겨진 땅으로
동백은 고개 떨궈 상처 만들었습니다

게으른 동장군 뚫고
찾아오는 성황산[1]의 봄

떨어진 붉은 꽃
해탈하는 땅에서
묵언의 미소로
꽃무리 시간 되짚어봅니다

---

1) 정읍시청을 감싸고 있는 산

로드 킬

어미 꽁무니 따라 이슬 사라질 때까지
능선 너머로 파릇한 풀 찾아다녔던 길

인간이 산허리 잘라 만든
역겨운 기름 냄새 진동하는 고속국도
생활 터전이었던 야산에서
더 깊은 산중으로 쫓겨나 버렸다

따뜻한 둥지 잃고 방황하는 하루
그 누구도 대신하여 주지 못하고
어린 멧돼지 다섯 마리
질주하는 벤츠에 치어

본능과 습성은 목숨을 담보로
먹이 찾아다니다 도로 중간쯤에
피 흘리고 널브러져 식어버린 호흡

새끼 잃은 슬픈 어미는 멀리 떠나지 못하고
그렁그렁한 눈망울로 울부짖고 있다

단비

농사꾼 손끝에서
들깨 쑥갓 치커리 아욱 대파

텃밭을 아기자기하게 분양하여
온갖 씨 골고루 흩뿌려
비를 애타게 기다린다

가슴 타들어가는 봄 가뭄
하늘 바라보고 헛기침하기를 다반사

땅이 푸석하게
문드러질 대로 문드러지면

야속한 비는 밤을 틈타
채소밭 이곳저곳 돌아다닌다

하늘 소식을 알려주는 비
메마른 땅으로 게 눈 감추듯 사라지고
마당 끝에서 바다 냄새가 밀려온다

자라나는 봄

버겁고 지루하게만 느껴졌던 경자년
두껍게 느껴졌던 동장군 물러가고
웃음 짓는 민들레 하늘바라기 한다

지난가을 다람쥐가 겨울에 먹으려고 땅속에
묻어 두었던 도토리 찾지 못하여 흙이 되었다

차가움과 따스함 짜깁기하는 계절
쉬지 않고 쳇바퀴로 돌아가고

비는 내리고
부추 쑥갓 상추들이 자라나고 있다

이별 연습

봄은 화려하게 피었다 지고
꽃 진자리에 열매를 약속한다

생채기 아문자리에 달려있는 아그배
짧은 인연은 떨림의 연속이었다

시든 열매와
이별해야 마음이 편안한데

바람과 소나기는
손을 놓을지 고민 중이다

염원

가시거미는 촘촘하게 올가미치고
늑장 부리는 별은 서둘러
제자리 찾아가느라 분주하다

음식점과 찻집은 코로나19로
찾아오는 발걸음마저 줄어들었다

처마 끝에서 흔들거리는 풍경
오가는 사람 반기는 환한 눈빛이다

문 열리는 소리에
본능적으로 밖을 바라보는 여주인

전염병이 더 창궐하지 않고
북적이는 사람들 속에서
웃음은 접시꽃으로 피어올라
밝은 날이 어서 오기만을 기도한다

봄을 느끼다

추위를 쥐락펴락
야무지게 흔드는 햇볕

한 움큼 밥상에 올라온 봄
초록의 옷 맛깔스럽게 벗는다

머위가 전해주는
쌉싸름한 땅속의 맛

까끌까끌한
혀끝에서 만끽하라 한다

무르익는 밭

텃밭에 뿌려진 부숙 퇴비
시간이 덜 삭았는지 구릿한 냄새
낮과 밤 며칠째 잡아먹고

때가 되면 뭉툭한 삽으로
겨우내 삭힌 둔탁한 흙
한 삽씩 바느질하듯 뒤집어 놓는다

속과 겉이 뒤바뀌진 뽀얀 속살
하늘에 드러내고
쑥스러워하는 흙들의 속삭임

텃밭 채소들은 농사꾼 발소리를
가지와 줄기 끝으로 보내면

여린 채소는 야들야들하고
살갑게 자라나고 있다

5부

텃세

돌 토끼

업으로 쌓여 돌이 된 눈망울
무등산 누에봉 애타게 바라보고

하룻밤 토굴 속 감정
깨우침과 혼돈의 연속이었다

이끼로 솟는 흐느낌
혼탁한 비바람으로 서석대
각진 모서리 깎아내렸으리

헤어져야 하는 원효와 의상의 아쉬움
돌로 굳어버린 토끼가 되었다

천년의 시간 타고 건너온 바람
야속하다는 한마디에 마법이 풀어졌을까

다 나누지 못했던 둘만의 이야기
원효사 돌 토끼는
무거운 탑 머리에 이고 천수경 들고 있다

묵언의 합장

바람도 숨죽인 현암 다원 길
너덜겅 돌밭 지나
말 봉에서 산 아래 바라본다

서쪽으로 곰소 바다가
실안개 쌓여 희미하게 출렁거리고

동북쪽으로 뻗은 천태산
은선리 석탑과 고분이 자리한다

태양이 무너질듯한 동학년에
한 사발 붉은 피로 대가 치른 황토현

유선사 호랑이는 천년을 잡아먹고
말없이 이방인 바라볼 뿐

산허리에 서있는 어스레한 돌탑
가슴속 무거운 돌 하나 꺼내
영주산 산신령에게 머리 숙여 합장한다

불안한 하루

하루하루 살아간다는 것은
날 선 칼 위를
위태위태하게 걸어가는 것이다

자동차 홍수 시대 사람이 날마다
문명에 치여 죽어가고

음습한 사각지대
사이코패스 덫에 걸려들면
이유도 모른 채 죽어갔다

성폭행이 일어나고
돈 때문에 아이를 납치하여 살해하고
묻지 마 폭력으로 도심에서 칼부림 나고

게임중독으로 가상과 현실을
구분 못 하여 사람을 죽이는 세상

소각로 굴뚝에서 공중으로 포문 열고
청산가리보다 더 독하다는 다이옥신
하늘로 쏘아 환경을 오염시키고 있다

하루하루 살아간다는 것은
참으로 위대하고 개탄스러울 뿐이다

자연의 오묘함

딱딱한 흙을 조금씩
밀고 올라오는 조막만 한 땅콩 순

빼꼼하게 고개 내밀어
사방을 두리번두리번
흙먼지 탈탈 털어내고 있다

바람의 기둥 붙잡고
손 뻗는 가녀린 씨방

여름날 소낙비와
천둥 번개를 가슴에 품고
노란 꽃이 피고 지기를 반복하였다

땀의 열정이 시들해지면
땅콩은 토실토실 영글어갔다

은근한 기대

새벽잠 없는 날에는
이른 아침 호미 들고
텃밭 돌아보는 일이 다반사

밭고랑 따라 걸을 때마다
미세하게 울리는 땅울림
흙 속 땅강아지는 몸 움츠려
울림의 파장 느낀다

이슬 내려앉은 마늘밭에
물방울이 발목 잡아채는 촉촉함
오늘은 그리 나쁘지 않다

농사꾼 발걸음 소리 듣고
알차게 영글어가는 마늘과 양파

작물이 튼실하게 자라나면
소소한 기다림으로
농부의 입 꼬리는 귓불 향한다

낭패

마늘잎에 붉은 점이 땀띠처럼
따닥따닥 징그럽게 번져

마늘과 양파는 일 년 농사라
아침저녁으로 풀도 뽑고
애지중지 신경 썼는데 탈이 났다

분명 어제는 보이지 않았는데
일찍 올라온 마늘종 꺾다보니
불그레한 녹병이 잎을 잠식하고

대를 밀고 올라올 때부터
씨알이 굵어지는데
병들어 시들어가는 마늘밭
농사꾼 마음도 바짝바짝 말라간다

재작년엔 밑거름이 부족했는지
씨알이 오백 원 동전만 하더니

올해는 마늘 대 굵고
잘 됐다 좋아했는데
녹병으로
맥이 탁 풀려 하늘이 샛노랗다

이름값

다른 나무는 벌써 새싹 올라왔다
작년 초겨울에 심은 호두나무
따스한 봄볕에도 눈을 뜨지 않아

은근히 걱정되어 여린 묘목을
나무 밑동부터 세세하게 훑어보았다

석류나무와 가지치기한 감나무
대추나무, 아로니아, 포도나무
주변 나무들과 푸른 눈 틔워

한 그루에 이만 원이나 주고 심은
호두나무 비싼 값 하는지
새싹은 심 봉사처럼
번쩍 눈뜰 기미가 없어 애가 탔다

경자년 사월 공 달 까먹고 있는
게으른 호두나무
봄 늦도록 겨울잠 자는가 보다

함박웃음

단단한 강철도 비바람에
녹슬어 공중에서 으스러지고
바람에 스며든 쇳내 코끝 찡하다

땅속 움칠거리며
물오른 배꽃

늦추위 냉해로 씨방이 말라
눈물로 뚝뚝 떨어져
농부는 연일 울상이다

악착같이 뿌리내린 풀
오전 내내 뽑아
햇볕에 전라全裸로 나열한
채전밭은 함박웃음 짓는다

텃 세

닷새마다 열리는 재래시장
첫째와 셋째 딸 서둘러 깨워
중병아리 사러 간다

출출한 배 해장도 할 겸
김이 모락모락
사천 원짜리 콩나물국밥으로
아린 속 든든하게 채우고
수탉 세 마리 암탉 일곱 마리 사 왔다

기존에 있던 장닭
밥통 모두 점령하고
새로 들여온 어린 닭 쪼아 붙여
대가리 퉁퉁 부어 눈만 껌벅껌벅

두어 달 전에 취업한 딸
암투와 기세에 눌려
사회생활 고달픈지 얼굴이 어둡다

신출내기 딸 생각에
닭들 기 싸움에 끼어들어 뜯어말리는
나를 멍하니 바라보는
저 닭들은 무슨 생각을 할까

춘곤증

꽃들도 졸고 있는 오후 두 시 사십 분
유리창 투과하지 못한 날 선 시침時針
주르륵 미끄러져 와장창 깨져버렸다

천근만근 눈꺼풀 하늘 받쳐 들어
쏟아지는 하품은 고통이다

피 뚝뚝 흐르는 초침 뽑아
졸음 내쫓아보아도 달아나질 않아

게슴츠레한 눈은 비몽사몽
아지랑이로 다가와
천상 꽃구경 가자 재촉하고

끄덕끄덕 고개 흔드는 눈꺼풀
모래사막 자울자울 건너간다

기생충

한 뼘 햇볕과 달빛을 뿌리로 보낸
억센 칡은 음지의 땅속을 넓혀갔고

피톤치드 내뿜는 소나무
넝쿨이 감아쥔다

꽈배기처럼 똬리 틀어
양분 죄다 빨아먹으면
튼튼했던 나무는 서서히 말라 갔다

폭행과 따돌림으로
스물두 해 짧은 생을 마감한
트라이애슬론 선수[1]

잠 못 이뤘던 마지막 울음
죽음으로 내몰아
억울한 소리들이 귓전 울린다

---

1) 故 최숙현 선수

6부

그렇게 간다

오춘기 1

바람을 사랑한 바다

뭉클한 울렁증은
수평선 넘어 외딴섬으로 날아갔다

진눈깨비 흩날리면
보고 싶었다는 서툰 말
소라 속에 숨겨두고

숨 가쁘던 밀어
모래톱을 넓혀갔다

흔들거리는 불빛
칠산 바다 붙들고
까칠하게 반항하고 있다

여운

갈가리 갈라진 나무껍질
가슴에 품고
평생을 살아온 여인

맵고 쓰린 배반의 가시
아궁이 불쏘시개로 태워버렸다

식어버렸던 불의 씨앗
한때는 화르르 타올라

정적을 찢는 외마디

맴놀이는 실핏줄 타고
지금도
구석구석 돌아다닌다

예감

마당 휘감은 해거름
태양풍은 식어가고
땅거미는 세력 넓혀간다

여린 고추 모종을
허리 휘어지도록 밀었다가
가슴 가까이 끌어당겼다가
푸른 볼 빨갛게 희롱하고 있는 바람

울대 터지도록
푸석한 뒷산 흔들던 멧비둘기
고요 물고 잠들면

잿빛 하늘 문 닫고
얼굴 퉁퉁 부어오른 하현달
조만간 비가 흠뻑 내릴 모양새다

한 컷

곱디고운 철쭉
생잎 톡톡 터트려
자연의 서사시 쓴다

산과 골짜기 끌어안고
여름 장마에 나무가 쓰러지는
웅장한 전율은 낯선 풍경

한 장 사진에
다 담을 수 없는 오묘함
새로운 감탄사 연발

찰각찰각 찰나의 순간
진사[1]들의 손놀림이 바쁘다

---

1) 사진사를 부르는 은어

흑역사

꽃을 입맞춤하고 있는 나비와 벌
나무와 햇빛 사이 오가며
근대사 이야기 풀어놓는다

농민들에게 수탈한 쌀
째보 선창[1]으로 빼돌려
징게맹게[2] 농민들의 암울했던 설움

백여 년이 흘렀어도 사진으로
박제된 박물관에서 질질 끌려 나오고 있다

동국사東國寺[3]는 알고 있어도
눈감고 공염불 읊고 있을 뿐

처마 끝에서 떨어지는 눈물
바람은 풍탁 흔들어
은은한 소리로 허물 닦아주고 있다

---

1) 군산시에 있는 선창
2) 김제, 만경
3) 東國寺 군산시에 있는 일본식 사찰

지우개

정오에 풀린 꼭지
푸석한 바람 지나가고

노을이 마감한 하루
식어버린 풍선처럼 후줄근하다

생각의 주머니 꼬리에 꼬리 물고
독사처럼 똬리 튼 혼돈 폭발 한다

잡념에서 뽑혀 나온 망상
벗겨지고 짓이겨져

무의식의 찌꺼기 사라질 때까지
머릿속 깨끗하게 지우고 있다

오래된 나무

하늘과 땅을 연결해주는 나무
배들 평야 품고 있다

폭우에 큰 가지가 부러지고
바람 거칠게 몰아쳤어도
잔가지는 흔들렸을 뿐

단단한 옹이 품고
강직하게 자리 지킨 느티나무

고목 진 곳에 새로운 물이 돌고
햇볕이 여린 잎에 모이면

언제 그랬냐고 훌훌 털고
묵묵하게 자리매김하는
부모 같은 나무였다

내리사랑

겨울잠 깬 들판
여기저기서 집채만 한 트랙터
논갈이하며 한해를 준비한다

조용했던 논에 생기가 돌고
새들이 날아든다

트랙터 꽁무니만 연신 바라보는
왜가리는 무섭지도 않은지
덩치 큰 농기계 졸졸 따라다니며
먹이 찾아 오전 보내고 있다

주린 배 움켜쥐고 어미 오기만
옹알이하는 서너 마리 새끼

어린 자식 생각하면
이 정도 공포는 당연하듯 감내하고
물 위로 잘린 배 드러낸 미꾸라지
무의식적으로 잽싸게 낚아챈다

하나라도 더 주고 싶은 어미
비가 추적추적 내려
무서움이 도사려도 아랑곳하지 않는다

그렇게 간다

봄날은 화려한 꽃마차 타고
연록을 지나
시원始原으로 돌아가고 있다

계절을 농락한 바람
음흉한 미소 훔쳐

푸석푸석한 아카시아
향기로 지우고

봄은
그렇게 그렇게 가고 있다

성하의 계절

구릿빛 땅에서
텁텁한 막걸리 한 잔과
쉰내 나는 노래 부른다

목마른 울대 움켜쥐고
영토 넓혀갔을 여우비
구름 속에 숨어버린
습했던 기억 토해낸다

매미는 한낮을 소지燒紙하고
날 저문 늦여름
반딧불이 듬성듬성 날아다닌다

끝이 다 닳아빠진 계절
무딘 바늘로
서늘하게 꿰매어 놓아야겠다

잊고픈 달

배고픔은 이팝 꽃으로
따닥따닥 아리게 피고

노랑지빠귀 가시나무에 앉아
아직 돌아오지 못한
어린 자식 기다리는지
석양 지도록 눈 붉게 울어 댄다

하늘 받쳐 든 동진강
투명한 빛은 바닥 내 보이고
억새는 무리 지어 사열한다

사월과 오월은 눈물로
아픔을 주거니 받거니

잊고픈 오월
뼛속에서 움찔거리면
낯 붉은 태양은 고개를 숙인다

7부

할미꽃

아름다운 조화

장맛비가 온종일
참나리꽃을

이쁘다 이쁘다
머리 곱게
쓰다듬어 주고 있습니다

아무리 좋은 소리도
계속 들으면
귀찮을 만도 한데

장독대 나란히
줄지어 서서 비 맞는
꽃 두 송이

참나리꽃은 뭐가 그리 좋은지
영주산 아래 경덕재[1] 찾은
변변찮은 객을 보고
반갑다고 싱글벙글거립니다

---

1) 김철모 시인의 집

다시 찾은 망제봉

대나무 숨은 자리에
빠꼼하게 얼굴 내민 죽순
이른 아침 허방 길 따라
휘적휘적 산을 올라간다

물밀듯 밀고 일어났던
동학 농민군 함성 고요하다

물통[1] 약수가
가려움증에 좋다 하여 단옷날
북새통 이루던 시암실[2]
그 많던 사람은 간데없고

영주산 약발이 영험하다는 소문이나
굿당에서 내림굿 하는 무녀

---

1) 약천암 옛 지명
2) 정읍시 천곡마을

치마바위에 올라 지아비 기다렸다는
정읍사 여인의 두근거린 가슴
망제봉 골 따라 여울지고 있다

마중물

몇 날 며칠이고
숨 막혔던 답답함

시들어가는 심장에
물 한 사발 쏟아부으면
시상詩想은
꿈틀꿈틀 연꽃으로 피어

녹슨 혈관 뜨겁게
밀고 올라오는 깨우침

한 사발 물은

어두운 미로 빠져나오는
둔한 머리의 환한 울림으로
속 시원하게 뚫어버렸다

오춘기 2

샛별 하나
팽창하는 블랙홀에 빠져
공중에서 사라졌다

떨어진 별은
비탈진 언덕에서

하늘강으로 돌아가고파
눈물 감추고

풀잎에 반짝이는 이슬

내 가슴이
왜 두근거리지?

공평과 불공평

이슬은 채소나 잡초나
편견 없이 골고루 내린다

자연은 논밭 일구는 농부에게
땀 흘린 만큼 기쁨으로 되돌려줬다

바람으로 부풀린 거짓 웃음과
허세로 흥건하게 흘러넘쳐
아첨과 비리가 판치는 세상

죽을 만큼 노력하여 쌓은 탑이
물거품으로 사라지는
불공정은 어제오늘 일이 아니었다

할미꽃

수줍은 얼굴 붉게 피웠던 꽃
가을바람 불면 까칠하게 메말라갔다

마흔이 넘어서자 두근거리던 열꽃

심장을 데웠다가 식혔다가
우울했다가 웃었다가
가슴을 요동치던 변덕의 방망이였다

필요 없는 잡념의 꼬리 붙들고
나 홀로 불면의 숲 거닐던 밤

촉촉하게 흐르던 계곡의 물
시들어 건조해졌고

손거울에 투영하는 푸석한 얼굴
눈물샘에 맺힌 이슬은
고개 숙인 마른 꽃잎에 떨어졌다

세월에 익어가는 슬픔 털어버리고
당당하게 일어선 그녀

몇 점 남지 않은 호흡 끌어모아
행복 정원 당당하게 만들어 갔다

간절함

밀 보리밭에 자리 잡은 햇볕
까끌까끌 타들어가고

멧비둘기 오후 내내
풍경 소리로 가슴 구구대더니

지천으로 하늘거리는
애기똥풀꽃
덩달아 혼쭐나고 있다

사정없이 목 비트는 바람
꽃은 몸 낮추고
뒷모습 흘겨볼 뿐이다

눈물 고인 꽃잎에
노을이 물들여지는 날엔
하늘길 떠난 엄마가 보고 싶다

질투

위에서부터 밑으로 피어나는
장미와 찔레 꽃망울 터트린다

담장 너머로 손 뻗어
뭇 사내에게 던지던
요염한 눈웃음

야리야리한 몸매
뾰족한 가시 숨기고

서로 네가 더 앙큼한 꽃이라
티격태격 교태부리는 야릇한
한낮의 정사 민망하기 그지없다

생채기

담장 꼭 쥐고
가소로운 눈빛 쏟는 장미

촉촉한 땅으로 미소 짓는
풋풋한 여인의 얼굴이다

수줍은 뾰족한 가시
엇비슷하게 휘어진 하늘 향하여
칼칼한 활시위 당기는 고고함

피 흘리는 꽃잎
공중 휘도는 짧은 떨림

아물지 않은 상처
뼈아픈 오월은 살아있다

8부

보리끄스름

홀로서기

그루터기에 굳은살 박인
덧난 상처
수줍어 부끄러워하고 있다

얼마나 속상했을까
매끄럽지 못하고
맹꽁이 눈처럼 툭 튀어나온
줄기들이 반항한 흔적

거칠게 굴던 불면의 눈동자도
산속 어딘가에서
바람 소리로 나뒹굴고 있겠지

옹이 진 소나무는
익살스러운 웃음 주고

산바람 맞으며
태연하게 버티고 있다

어떤 소리가 날까요

화창했던 날씨 시들해지면
떠들썩하게 화색 돌던 자귀 꽃도
오늘내일 조금씩 옅어지겠지요

하늘 후벼 파내던 비와 바람
여린 잎 무수하게 흔들어

땀방울 뜨겁게
한여름 공포에 떨었을 천둥소리
잔가지와 뿌리에 고스란히 묻어 두고

자귀는 피어날 생명 위해
자연의 순리 따라야 했지요

동진강 모래톱
공중제비하는 꽃잎
떠들썩했던 여름 이야기 들리시나요

뱀딸기 1

풋보리 익어가는 유월
뻐꾸기 소리 듣고 뛰놀던 어린 명자는
돈 벌고 공부할 수 있다는 꼬임에

동지나해 밀림으로 끌려가
일본군 위안부로 하루에
여러 남자 받아내야 했던
죽고만 싶었던 뱀처럼 징그러운 삶

흙탕물 포화 속에서도
죽지 않고 살아난 끈질긴 생명
태평양 건너 이방인으로 살아갔다

사람 앞에 쉽게 나서질 못하고
입술 질끈 깨문 허물
밤하늘 투명하게 숨어버렸다

땅 그늘로 살아가는 뱀딸기
흑백의 고향이 그리워
까끌까끌한 눈물 몰래 흘리고 있다

뱀딸기 2

선악과 건넨 죄로
조물주에게 버림받은
화사 花蛇

뱀딸기는
맛이 밋밋하여
인간에게 버림받았다

땅바닥 납작 엎드려
살아가야 하는 질긴 나날

수심 가득 찬 얼굴에
희망을 품고

땡볕에 익어가는
달콤한 산딸기
한없이 부러워하였다

보리 끄스름

정읍 지나 장성역으로
달리는 무궁화호
지날 때마다 청보리 흔들어
배들 평야에 바람골 낸다

논바닥 풀풀 나는 흙먼지
독새기풀은 거름 주지 않아도
이슬 먹고 쑥쑥 자랐다

통통하게 얼굴 내민 풋보리
두어 줌 베어
짚불에 구워 먹을 때마다
두 눈 후비던 매운 연기

보리 서리하던 들녘
까끄라기는 달아나고
남으로 치닫는 유년의 열차
기적도 없이 꼬리 보이지 않는다

아마 지금도

시간은 푸른 녹 우려내고
나는 어디서 왔는가
달마 찾아 나선 이십대

떠돌이 생활은
남도 섬마을 해풍으로 묻어 두었다

호남선 종착점이자 출발지인 목포역
삼학도와 유달산 이별하는 파도는
중저음으로 대합실 철썩였고

울렁거렸던 젊은 날의 상처
해안 거닐던 방황 하던 발걸음 몇 조각
갈매기 소리로 숨죽여 날아다니고 있다

꽹과리에 이름 석 자 새겨
곳곳에 널리 알려주겠다고 했던 스님과 약속

중년이 되어 기억 더듬어 찾은 자은도[1]
섬과 섬은 천사 대교로 이어져

---
1) 전남 신안군

정기 여객선은 갯벌에 발이 묶여
공중 다리 오가는 자동차 환호성이다

스님은 몇 해 전 서울로 떠났고
가시덩굴이 삼켜버린 법당
바닷바람으로 내려앉아 뼈대만 앙상하다

서울로 올라간 꽹과리
바라춤 추는 도심 한복판에서
사부대중 일깨워 주고 있겠지
아마 지금도

탐방길

우울한 늪에
외롭게 서 있지 말고

바람과 철쭉이 안내하는
푸른 숲 거닐어보세요

굽이진 길 따라 산속 거닐다 보면
동박새 소리에
울적한 생각은 사라지고
솔 향기에 활력소가 넘칠 거립니다

앵두가 탐스럽게 익어가는 계절
닫힌 마음 열고
정읍사 둘레길 도란도란 걸어보세요

답답했던 기분이
한결 부드럽게 느껴질 거예요

치솟는 시간

한 알의 물방울 수직으로 떨어져
부서지는 작은 울림의 파장
조용했던 동굴 찢어놓는다

석등 타고 흐르는 물의 형체 사라져
거꾸로 치솟는 무한의 탑

암반에 떨어졌던 수많은 눈물방울
피멍 들어 얼마나 아팠을까

바위 뚫고
거꾸로 자연스레 자라난 점적석點滴石[1]
연필심처럼 여기저기 빼곡하다

사방으로 자라난 동굴의 뼈
석회석으로 단단하게 다져지고
흘러내린 물의 합은 두물머리로 흘러갔다

---

1) 동굴 천장에서 떨어지는 물방울에 의해 형성

위대한 숫자

0의 숫자 도달하기 위해
사람들과 사람 간의 거리 두기

속이 텅 빈 숫자가 이렇게 크게
보일 때가 태어나서 처음입니다

학창시절 가까이하기에
싫어했던 숫자

코로나19로 아무도 가보지 않았던 길
시작일까 중간일까 아님 끝일까
지금 어디를 어떻게 가고 있는 걸까

이웃 간 거리 두기 생활화 속에서
죽음과 사투를 벌이는 독거노인

달과 별만큼 멀어진 소중한 사람들
원점이었던 숫자가 크게 느껴집니다

평설

하늘과 땅을 일구는 역사의 사람
- 최신림 시의 특질에 대한 고찰

이동희 (시인, 문학박사)

▸ 들어가는 말씀

최신림 시인은 흙에서 온 자신의 됨됨이에 철저한 사람이다.

함부로 언급하기 쉽지 않은 말로 말문을 연 데에는 까닭이 있다. 최 시인과 필자와는 적지 않은 인연의 타래를 얽혀왔다는 엄연한 사실이 있다. 그것은 다음과 같은 사연 때문이다. 그가 열 번째 시집에 이르도록 일관되고 줄기찬 시 정신이 그것을 반증한다는 것. 또한 인간적 인연으로 말하

자면 위와 같이 말할 만한 근거가 뚜렷하다. 그가 시문학에 뜻을 두고 시창작교실에 첫걸음을 놓을 때 필자는 그의 순박한 시심이 창작의 결실을 맺도록 안내하였다는 것. 그리하여 마침내 시단에 등단하고 그가 상재한 첫 시집에 필자가 발문을 얹기도 하였다는 것. 그보다 더 의미 깊은 인연은 그가 새로운 인생의 출발선에 섰다며 주례를 청했을 때 앞의 인연으로 그가 화촉을 밝히는 데 증인이 되었다는 것 등이다. 자신의 뿌리의식을 성장점마다 채운 사람은 흙의 사람임을 잊지 않아 가능할 터이다.

최신림 시인은 온전히 정읍 사람의 됨됨이에 충실한 시인이다.

이렇게 말할 수 있는 까닭은 이미 위에서 언급한 셈이지만, 그의 '정읍사람됨'은 매우 구체적이다. 그가 스스로 선언하기도 하였지만 열 권의 시집마다 주제의식이 한결같으며, 그가 포착하는 시재가 한결같다는 점이다. 그것은 곧 "동학, 내장산, 동진강, 무성서원, 피향정" 등에 집약되어 있다. 자신이 몸을 받은 땅, 자신의 영혼이 살을 찌운 흙, 자신의 조상들이 살아왔으며, 자신이 또한 살아갈 삶의 현장, 그리하여 자신의 피붙이들이 살아가야 할 땅에 대하여 최 시인은 특별한 애정을 보여준다. 그리하여 최 시인은 정읍이 안고 있는 삶의 현장마다 역사의 피를 다시 돌게 해야 하며, 서정의 노랫가락을 다시 울리게 해야 한다는 사명감을 지닌 것으로 보인다. 누가 부여한 것도 아니다. 스스로 역사적 맥락 속에서 자신의 위상을 찾아 헤맨 끝에 자임한 역사적 과제가 된 것으로 보인다.

최신림 시인은 스스로 역사가 되려는 시인이다.

역사가는 민초들의 구체적인 삶을 자신의 취향[학설?]에 따라 선별하고 해석해 내는 사람이다. 그리하여 역사가는 일종의 방관자요 제삼의 해설자일 뿐이다. 그러나 이 땅에서 몸을 받고 이 하늘에서 숨을 얻은 사람들은 그렇지 않다. 스스로 역사의 강물이 되고, 스스로 역사의 산봉우리로 우뚝 솟아 있는 사람들이다. 이런 사람들은 지나간 삶의 자취를 따라서 재구성하는 것으로 만족할 수 없다. 스스로 강물이 되어 거친 흐름 속에 자신을 내던져야 한다. 스스로 산이 되어 험난한 사계절을 온몸으로 견뎌내야 성이 차는 사람이다. 최신림 시인도 그런 사람 중의 하나임이 분명하다. 그의 일관된 시정신과 그가 보여 주고 있는 시작품들이 이를 증명한다. 단순히 애향심으로 속단하기에는 그의 일관된 치열성이 용납하지 않을 것이다. 정읍이 안고 있는 역사적 의미의 그물을 촘촘히 엮어가면서 그 그물코 칸칸마다 사람됨의 진면목을 담아내려고 작정한 것으로 보인다.

최신림 시인은 '지금-여기'에 충실한 시인이다.

흔히 역사를 소재로 하거나 특정 사건을 제재로 삼을 때 범하기 쉬운 것이 바로 현장성과 현재성을 소홀히 한다는 점이다. 추억을 불러오거나 흘러간 옛 사건을 불러오는 것은 '지금[현재성]-여기[현장성]'을 보다 긴박하게 담아내기 위한 수단이어야 한다. 그것은 모든 예술 창작이 지켜내는 불문율이다. 최신림 시인이 즐겨 채택하는 정읍의 땅과 하늘, 그리고 민초들의 피어린 희생과 항쟁의 역사적 사건들 역시 이런 대원칙에 충실하려 한다. 이것은 최 시인이 견지하는 '시정신의 고갱'이라 할 만하다.

▶ 흙의 냄새를 사랑하는 시인

흙으로 자신의 형상을 만든 다음 하느님께서는 숨길을 불어넣어 아담을 빚으셨다. 바이블이 아니라도 흙은 모든 생명이 비롯함이요, 그 생명이 몸을 기대는 원형이다. 불가에서는 4대 원소-지[흙], 수[물], 화[불]. 풍[공기]가 한 데 모이면 생명이 시작되고, 그 4대 원소가 흩어지면 생명이 끝난다고 한다. 4대 원소 중에서 모든 것을 끌어안는 것은 바로 흙이다.

이런 흙은 존재의 본질을 상징할 만큼 귀하다. 그런 흙이 요즈음에는 아주 볼품없이 천하고 값싼 것으로 비유되기 일쑤다. '흙수저'를 금이나 은, 심지어 동에 비유하여 형편없이 천박한 것으로 끌어내리기를 마다하지 않는 세태다. 값으로 따져도 금 은 동에 비교될 수 없을 만큼 귀한 원소가 바로 흙이다. 금 은 동에는 생명을 키울 수 없다. 오직

흙만이 생명을 키워내고, 다한 생명을 받아들 수 있다. 그래서 흙냄새를 제대로 맡을 줄 아는 자만이 발을 땅에 디디고 머리를 하늘로 향할 수 있는, 귀한 존재라 할 것이다.

> 바짝 마른 땅으로 떨어지는 비가
> 흙을 톡톡 말아 쥐고
>
> 움푹움푹 파인 흔적들
> 높낮이 불규칙한 음으로 튀어 올라
> 단맛보다 더 정겹게 코가 먼저
> 냄새 알아채고 잽싸게 반응한다
>
> 목이 타들어가는 오후
> 푸석한 황토에
> 굵은 빗줄기 한바탕 쏟아지면
> 스펀지처럼 순식간에 물을 빨아들여
>
> 백 년 넘게 움츠려 있던
> 동학에 쓰러진 곰삭은 뼈 냄새
> 사방으로 흩어진다
>
> 비 내리면 갈라진 상처
> 꼼꼼하게 봉합하고 공중으로 내뱉는
> 마른 땅 삭힌 흙냄새가 마냥 좋다
> 　　　　　　　－최신림「흙냄새가 좋다」전문

아, 사람은 이래야 한다. 나아가 시인이라면 더욱 이래야 한다. 최소한 이 땅에서 먹이를 얻고, 자식을 키운 사람이라면 이래야 한다. '흙냄새가 좋다'는 이 단순 우직한 직설보다 더 솔직담백한 사람됨의 정체성을 드러내는 말이 또 있을까? 사실 우리는 조상의 뼈와 살, 피와 숨결을 먹고 사는 셈이다. 지수화풍이 흩어져 어디로 가겠는가? 바짝 마른 땅에 굵은 빗방울 떨어지면 흙냄새가 진동한다. 도회적 삶으로 일신의 편안만을 추구하는 사람들에게는 썩 내키지 않는 냄새일 것이다. 그러나 흙을 생명의 원소를 여기는 사람들에게, 흙을 조상의 뼈와 살로 여기며 누천년 이 땅에 살아온 사람들에게 이런 흙냄새는 생명의 냄새요 본향의 냄새가 아닐 수 없다.

더구나 동학에 쓰러진 곰삭은 뼈 냄새를 맡아냄으로써, 이 시적 화자는 우리네 삶의 지평에 초라하게 누워있는 역사의 냄새까지 맡아내고야 만다. 그 자주적이며 우렁찬 함성이 썩어문드러진 봉건의 잔재들과 외세에 힘없이 쓰러져야만 했던 역사의 피 냄새까지 맡아내는 시적 정서의 곡진함에 머리가 숙여지지 않을 수 없다. 그것은 최신림 시인이 발휘하고자 하는 시정신의 외침이다.

'역사를 잊은 민족에게 내일은 없다'. 단재 신채호 선생의 외침이다. 정신의 뿌리까지 온통 왜색으로 물든 세태를 목격하면서 최 시인은 동학으로 일어섰던 민초들의 정신이 부활하기를 꿈꾸고 있음에 틀림없다. 정읍은 그런 민족

정신이 발아한 곳이고, 그런 정신이 투쟁의 불길로 타오른 곳이며, 마침내 몸의 안락보다 정신의 올곧음을 향해 몸을 내던질 줄 아는 후예들의 땅이었다.

그러므로 시적 화자가 좋다는 흙냄새는 비가 내리면 갈라진 상처와 민족의 상처를 봉합할 수 있는 동학의 정신이 좋다는 것이다. 그리하여 오늘날에도 그 정신의 부활이 어느 때보다도 시급하다는 것이다. 마른 흙을 톡톡 말아 쥐고 백년 넘게 움츠려 있던 동학의 정신이 부활해야 한다는 것이다.

그럴 때만이 우리의 역사가 부활할 수 있다는 것이다. 우리의 흙냄새처럼 우리의 사상과 민초들의 정신이 응축된 동학을 잊지 않는 이들은 길목마다 외세의 이념으로 아스팔트를 깔지 않는다. 사람이 곧 하늘[人乃天]이며, 보국안민輔國安民 제폭구민除暴救民이란 자주정신에 투철한 동학의 후손이라면 마땅히 이 땅의 흙냄새를 좋아해야 한다는, 당위성의 그림을 시적 정서로 그려놓는다.

우리 민족이 이처럼 긴 역사의 질곡을 헤쳐 나오지 못하는 것은 마치 남의 둥지에 알을 낳고 목이 터져라 울부짖는 두견이 신세일지도 모를 일이다.

조물주가 무겁게
내린 형벌

> 오목눈이 둥지에 알 낳고
> 목이 터지도록 우는 어미새
>
> 두견이는
> 철쭉이 다 질 때까지
> 눈물 흘리고 있다
>
> —최신림 「탁란」 전문

　제 땅의 사람을 남의 땅의 사람들에게 의지하여 토벌한 위정자들. 그들은 남의 둥지에 알을 낳고 눈물 흘리는 족속일 수도 있을 것이다. 그러나 그렇게 봄이 다 가도록 피눈물이라도 흘릴 줄 아는 족속이라면 그래도 구원받을 가능성이라도 있을 것이다. 아직도 외세를 등에 업고 제 민족을 홀대하려는 사대주의 친일 세력들은 만만치 않다. 그들 때문에 피눈물을 흘리는 것은 동학의 후예이면서도 동학의 정신을 잃지 않은 최신림 시인 같은 사람들뿐이라는 현실이 안타까울 뿐이다.

　최신림 시인은 그런 정신의 한 가운데를 당당하게 토속적 정신을 벼리면서 나아가고 있다. 그의 작품 전편에 흐르는 시정신의 도도함이 이를 증명하다. 민족정기를 외세에 의지하면서도 부끄러움을 모르는 이들에 대한 반어적 설정이 두견이에 반영되어 있다고 볼 여지도 그래서 가능하다.

▸ 자주적 정체성을 찾아가는 시인

최신림 시인은 한때 불가에 입문하여 수행승을 지향한 적도 있다고 한다. 이런 개인사적 내력이야 굳이 따질 일이 아니지만, 그의 시작품 도처에 보면 '나를 찾으려는 존재의 방황'이 특히 눈에 띈다. 하기는 수행자가 아니라 할지라도 한 세상 살아가면서 나의 됨됨이를 찾지 않고서 어떻게 하룬들 편안할 수 있으며, 한 공간인들 안심하고 거할 수 있겠는가. 그러고 보면 생명 있는 존재로서 사유하는 인간이라면 마땅히 나의 됨됨이를 바르게 알려는 노력은 필수 요소라 할 것이다.

다음 작품에서는 그런 최 시인이 견지하고 있는 시정신의 지향성이 잘 드러나고 있다.

바람이 올곧게 펼친 굴곡의 시간
무의미하게
허비하지 않으려 노력하였습니다

반복하는 습성을 잃어버린 시계추
잡스럽게 살았던 허물 벗고
무형의 껍데기로 살아간다는 것이
참으로 창피하고 민망하기 짝이 없습니다.

—〈중략〉—

희망이 사라진 거리에서

딸그랑거리는 불빛이 길목으로 즐비하게 울려 퍼져

　　회벽으로 스며든 내 안의 나를 찾아
　　태양이 해넘이로 사그라질 때까지
　　주인 잃은 마차 타고 내일로 가고 있습니다
　　　－최신림 「주인 잃은 마차」 전체 8연 중 1,2~7,8연

　현대 사회는 '나'를 잃어버린 세계다. 나의 자리에 물신을 놓고, 그의 지배를 자청하는 꼴이 되어버린 세상이다. 또 하나는 그 물신과 한 통속으로 합자 회사를 차린 꼴인 미디어media라는 이름의 광폭신이 있다. 물신과 미디어는 서로가 서로를 끌어주고 밀어주며 저들만의 세상을 만들어가고 있다. 여기에 정작 그들의 주인이어야 할 대중은 자신을 태운 마차가 어디로 가는지도 모른 채 차비를 톡톡히 치른다. 자각하지 않은 자아의 몰골이다.

　이 작품은 꽤 긴 호흡을 유지한다. 그럼에도 제목에 담으려 한 메타포metaphor의 원관념을 들여다보면 미학적 사유가 어디를 지향하고 있는지 짐작할 수 있다. 자아는 저마다의 주인 이어야 마땅하다. 이 주인을 태우고 가는 마차는 마땅히 누구에게나 공통으로 공평하게 부여된 운명의 승차권이다. 그것을 시간이라 부를 수도 있으며, 인생관이나 세계관이라고도 지칭할 수 있다. 현대인들은 자아에게 부여된 마차에 올라탈 수 있는 소중한 승차권[자아의 정체성]

을 아무 고뇌 없이 제출하며 편승하기를 마다하지 않는다. 그렇게 주인 잃은 마차를 타고 가는 이들에게 던져지는 저들의 냉소어린 빈정거림은 '개돼지'이거나, 좀 나은 표현으로 고치면 '충실한 소비자'일 뿐이다.

  이 작품에서 시적 자아는 그런 마차에 승차하기를 단호히 거부하면서 시적 메타포가 활약한다. "바람이 올곧게 펼친 굴곡의 시간'을 '무의미하게/ 허비하지 않으려 노력하겠다"는 자기선언이 그것이다. 시적 화자는 그들에게 단 한 장뿐인 승차권을 함부로 양도하지 않겠다는 것이다. 내가 타고 가야 할 마차의 주인은 바로 '나'임을 분명하게 선언하면서 시적 정서를 형상화 한다. 이렇게 자기 삶의 주인으로 살겠다고 선언할 수 있는 사람들이 마차의 주인이 되어야 한다. 그럼에도 현재 우리의 형편은 그렇지 않다. 주인의 자리에 물신의 황금 가면을 앉히고, 주인의 마차를 조작된 언론이 길을 잃게 한다.

  그렇게 주인으로서의 위상, 자기 정체성을 되찾는 길은 두 가지 허상만 벗어도 가능할 터이다. 하나는 '시계추-굴레'를 벗어던지는 일이요, 다른 하나는 '무형의 껍데기'로 살아가는 창피하고 민망함에서 탈출하는 것이다. 한 마디로 자주적 정체성을 찾아가려는 발심에서 비롯한다. 무형의 껍데기로 살아가도 아무 불편함을 모르는 사람들로 세상은 만원이다. 주인 잃은 마차들이 21세기 물신의 거리를 누비고 있다. '참으로 창피하고 민망하기 짝이 없는' 노릇이다. 최신림 시인이 올곧게 견지하고 있는 시정신이 결기를 드러내 보이는 대목이다.

   그렇게 자주적 정체성에 대한 강렬한 열망은 결구에 가서 완결성을 갖춘다. "희망이 사라진 거리에서/ 딸그랑거리는 불빛"이 길목으로 즐비하게 울려 퍼진다 했다. 그런 절망의 거리를 시적 자아는 "회벽으로 스며든 내 안의 나를 찾아/ 태양이 해넘이로 사그라질 때까지/ 주인 잃은 마차 타고 내일로 가고 있다"라고 했다. 반어적 어법을 통해서 자주적 정체성을 찾아가는 길이 얼마나 험로인지 짐작하게 한다. 이 길이 얼마나 힘든 길인지는 '태양이 해넘이로 사그라질 때까지'라고 강조한 부분이다. 즉 마차에 주인다운 주인이 타고 가기 위해서는 '죽을 때까지' 가야한다는 자각이다. 태양이 해넘이로 사그라질 때는 다름 아닌 자아의 죽음을 건 일대 결단의 의지를 형상화한 대목으로 비친다.

   '주인 잃은 마차 타고 내일'로 가는 일은 얼마나 희화적인가? 웃픈[웃기면서도 슬픈] 현실이다. 마차의 주인이 되어 갈지라도 그 '내일'에 닿을지 말지 장담할 수 없는 처지에서 시적 화자는 비뚤어진 현실을 이렇게 반어의 맥락에 실어서 결구를 삼고 있다. 그런 시의 미래성을 '주인 잃은 마차를 타고 가서는 도무지 내일다운 내일을 만날 수 없음'이다. 그럼에도 '지금-여기'의 사람들은 그런 줄도 모른다.

　이렇게 수행자가 진리를 찾아 미래를 지향할 때 "두루미 물질하던 동진강/ 영주산 태양은 지고 바람은/ 강어귀 오가는 사람"(최신림「꽃은 피고」1연) 붙잡는다. 최 시인이 선언한 자신의 정체성이 온존하게 보존하고 활약할 수 있는 삶의 터전으로서의 '[정읍]동진강'이다. 이곳 동진강이라야 비록 태양이 진 어둠의 세상이 올지라도 오가는 '사람'을 붙잡는다는 것이다. 사람살이가 가능한 공간으로 자신의 쌈터이자 생활공간인 정읍을 이상세계로 그려내려는 발심으로 보인다.

　이뿐만이 아니다. 자아의 정체성을 자주적으로 확립하고야 말겠다는 의지를 눈에 띄게 그리려는 작업은 지속된다. "게으른 동장군 뚫고/ 찾아오는 성황산의 봄 // 떨어진 붉은 꽃/ 해탈하는 땅에서/묵언의 미소를" 짓는다고 했다. 엄혹한 시대[동장군]의 불의를 딛고 맞이할 곳으로 '성황산'을 꼽고 있다. 성황산은 '정읍시청을 감싸고 있는 산'이라는 주석이 붙어 있는 것으로 보아, 역시 정읍이라야 사람다운 삶이 가능하며, 정읍이라야 자신의 정체성이 자주적으로 빛을 발할 수 있다는 시적 정서로 보인다. 심지어 '떨어진 꽃'이 '해탈하는 땅'으로 설정한 것으로 보아 최 시인이 선언한 것처럼, 자신의 시정신은 오로지 정읍이라야 함을 재천명한 것이다. 묵언의 미소를 짓는다고 하지 않는가.

이처럼 최 시인이 자주적 정체성을 찾으려는 시도는 멈추지 않는다. 물론 생활인으로서 갖추어야 할 주인 의식을 전제로, 그 위에 자신의 시세계를 건설해 나아가려는 당찬 의지로 보인다. 실제로 그의 작품 세계는 '정읍'이라는 공간성에 '시정신'이라는 추상성의 옷을 시의 형식으로 입히려는 끊임없는 작업인 셈이다.

▸ 진정성을 찾아 일상을 농사짓는 시인

최신림 시인은 일상이 곧 시다. 텃밭을 가꾸며 시를 가꾸고, 나무를 심고 제철 농사를 지으며 시를 재배한다. 사랑스러운 눈길로 향토의 길을 밟으며 시를 찾아내고, 역사의 현장을 찾아서 개탄하고 다짐하며 시로 자신을 세운다. 그럴 때마다 그에게는 아쉬움과 탄식, 안타까움과 비탄이 묻어나지만, 어디까지나 지나칠 만큼 섬세하게 향토와 공동체에 대한 사랑의 변증법임을 알 수 있다. 다음은 이러한 최 시인의 작품 경향을 짐작하게 하는 단서가 될 만하다.

바람도 숨죽인 현암 다원길
너덜겅 돌밭 지나
말 봉에서 산 아래 바라본다

서쪽으로 곰소 바다가
실안개 쌓여 희미하게 출렁거리고

동북쪽으로 뻗은 천태산
은선리 석탑과 고분이 자리한다

태양이 무너질 듯한 동학년에
한 사발 붉은 피로 대가 치른 황토현

유선사 호랑이는 천년 잡아먹고
말없이 이방인 바라볼 뿐

산허리에 서 있는 어스레한 돌탑
가슴속 무거운 돌 하나 꺼내
영주산 산신령에게 머리 숙여 합장한다
　　　　　　　　－최신림 「묵언의 합장」 전문

　이 작품에는 자신이 선언한 정읍 사랑을 실감할 수 있을 만큼, 정읍과 관련 있는 소재들이 다수 등장한다. 정읍이라는 지역성을 하나의 정신사적 맥락으로 장착하지 않은 사람이라면 쉽지 않을 터이다. 그럼에도 최 시인은 이들 소재들을 통해서 정읍을 관망하고, 정찰하며 더 나아가 시적 사유의 대상을 관조해 낸다. 그래서 이 시에 쓰이고 있는 정읍 관련 소재들이 따로 따로 제각각 저의 목소리를 갖추고 있으면서 시인이 의도하고 있는 시적 정서라는 한 실로 꿰어진 듯하다.
　6연으로 구성된 한 편의 시에는 각 연마다 정읍 지역과 연관이 있는 시어들이 등장한다. 1연에서는 현암 다원길과 말 봉이, 2연에서는 정읍에서 바라볼 수 있는 곰소 바다가, 3연에서는 천태산과 은선리 석탑 고분[고인돌]이, 4연에서는 동학의 시발점인 역사의 현장인 황토현이, 5연에서는 유선사가, 6연에서는 영주산 산신령을 등장시킨다. 이렇게 해서 닿는 귀결점이 바로 '묵언의 합장'이다.

이렇게 본다면 최 시인이 정읍의 산하를 유람하는 것은 그냥 걷는 길이 아니다. 발자국마다 역사를 걷는 길이며, 향토의 숨길을 여는 길이다. 나아가 향토성과 공간성이 제대로 살아나기 위해서는 그 안에 역사에 대한 의미를 제대로 인식할 때 가능하다는 것을 그의 답사가 말해주는 셈이다. 우리의 삶에 무엇을 담아내야 하는가, 우리의 터전에 어떤 역사의 피가 흐르고 있는가, 이런 의식이 없는 삶이 얼마나 무미건조할 것이며, 얼마나 허울뿐인 삶인가를 그의 시는 보여준다.

그리하여 최 시인이 '영주산 산신령'에게 합장하며 말없이 빌었던 원력願力은 무엇일까? 그것은 최 시인이 시로서 세상과 사람들에게 올곧은 역사성과 사람다운 삶의 의미를 시정신으로 세우려 한, 그의 회향回向으로 드러난 바 있다. 이 작품에서도 그가 묵언 합장한 발심이자 시심이 그가 세운 회향과 원력이 아니고 무엇이겠는가.

불가佛家에서 수행자는 보살이다. 보살은 보살심을 지녀야 한다. 그 보살심의 대표적인 예가 바로 원력願力과 회향回向이다. 원력은 이 땅의 모든 사람과 생명들의 깨달음과 행복을 위해 자신의 모든 능력을 자발적으로 헌신하고 원을 세우는 일이며, 회향은 자신의 모든 능력과 공덕을 세상으로 되돌려 보내는 환원의 삶이다. 원력 속에서 세상은 일체가 되고, 회향 속에서 세상은 무주無住의 순환하는 땅이 된다.(정효구 『붓다와 함께 쓰는 시론』) 21세기 물질만능의 세계에서 그래도 신심을 지닌 수행자가 아니고서 공동체의 선성과 만인의 참됨을 추구하는 영역과 사람을 꼽으라면 그래도 시와 시인을 들지 않을 수 없는 이유다.

시인은 불가의 보살처럼 보살심을 지녀야 한다. 아니 지녀야 한다기보다는 보살심 자체다. 이것이 없이 쓰인 시는 자기만족의 변설이요, 이것이 없이 사는 시인의 삶은 여타 중생의 삶과 하등 다를 바 없다. 시인은 자신의 삶이 대중의 편벽된 삶에 미세한 진동이라도 미치겠다고, 그리하여 천인합일天人合一이라는 일체의 세상을 향하여 나아가겠다고 선언한 바나 다름없다. 시인이 쓴 시는 기울어진 세상을 향하여 천인합덕天人合德할 때 비로소 모두가 원만한 삶이 가능하다는 것을 실천으로 보여주겠다고 다짐한 셈이다. 이런 원력과 회향이 없이는 시와 시인은 한낱 글 쓰는 재주꾼에 머물 뿐이다.

최 시인이 영주산 산신령에게 머리 숙여 합장하며 세운 원력과 회향도 보살심과 다르지 않음을 그의 여타의 작품들이 말해준다. 하늘과 사람이 일체라는 것, 사람과 사람은 그 누구나 존엄한 생명의 실체라는 것이 천인합일이다. 물신주의에 현혹되어 정치 술사들의 간교한 사탕발림에 넘어가서 편 가르고 패거리를 짓는 일은 천인합일이라는 대 원리를 무시한 셈이다. 이는 곧 최 시인이 그렇게 추구하고 재현해야 한다고 생각하는 동학의 이념, 인내천人乃天 사상과 완전히 부합한다. 최 시인이 묵언 합장하며 세원 원력이 여기에 닿았음에 틀림없다.

또 하나 소홀히 할 수 없는 것이 바로 천인합덕이다. 덕德이란 도덕적 윤리적 개념을 포함해서 특정한 기능을 탁월하게 수행하는 기량과 직결된다. 덕이 지닌 속성은 훌륭함과 탁월함을 바탕으로 마음가짐이나 행실, 남에 대한 시혜나 배려, 그리고 너그러움과 자비 등의 심성을 일컫는다. 곧 보살의 신심 있는 행실이요, 시인의 세속적 삶에 발을 담그고 있으면서도 그에 빠지지 않으려는 최소한의 경계 지표가 될 만한 요소다. 천인합덕의 마음가짐의 발로가 바로 시요, 시인의 삶이어야 한다. 최 시인이 영주산 산신령에게 머리 숙여 합장하며 세운 회향에 닿아 있을 것이다.

최 시인의 원력과 회향하는 시심은 도처에 보인다. "신출내기 딸 생각에 /닭들 기 싸움에 끼어들어 뜯어말리는 / 나를 멍하니 바라보는/ 저 닭들은 무슨 생각을 할까"(최신림 「월권행위」전체5연 중 7연)라며 자신이 월권행위를 하는 것은 아닌지 자문한다. 이런 사유의 자락을 보인 내력은 이렇다. 닷새 장터에 가서 중닭 몇 마리를 사왔다. 이들을 기왕에 기르던 닭들과 함께 한 닭장 안에 넣었더니 기존의 닭들이 새로 입사한 신출내기들에게 텃세를 부린다는 것이다. 덩치 크고 진즉부터 살았던 닭들[甲]이 덩치가 작고 새로 입사한 신출내기들[乙]에게 갑질을 하는 꼴이다.

'갑질'하는 패악이 동물들의 행태에서 사람이 배운 것일까, 아니면 사람들의 못된 행패를 짐승들이 따라하는 것일까? 그도 저도 아니라면 생존경쟁-먹이 경쟁을 벌여야 하는 유기체가 피할 수 없는 운명이란 말인가? 어느 것일지라도 천인합일과 천인합덕이라는 보살심을 지니고 있는 최신림 시인이 이를 묵과할 수는 없었을 것이다. 어찌 닭뿐이겠는가? 만물의 영장이라고 자처하는 인간 사회에서 벌어지는 '갑질패악'이라는 악습이 오늘도 그치지 않고 있다. 그치기는커녕 더욱 심해지는 형국이다. 이럴 때 시인이 어찌 이를 외면하겠는가?

그래서 묻는다. '저 닭들은 무슨 생각을 할까'라고. 그러나 실은 닭들에게 묻는 것이 아니다. 천인합일과 천인합덕의 진리를 외면하고 있는 세상 사람들을 향하여 묻는다. 당신들이라면 무슨 생각을 하겠는가? 묻고 있는 셈이다. 시의 어법이 그렇다. 우화를 끌어오건, 반어나 역설로 말하건 시가 닿아야 할 궁극적인 소비자는 바로 독자이기 때문이다. 최 시인은 자신의 행위가 비록 '월권행위'가 아니냐, 자문하고 있지만, 이것 역시 시의 어법인 반어와 역설의 맥락에서 수용해야 할 것이다.

▶ 나가는 말씀

시문학의 궁극적인 귀결점은 자기부정에 닿아야 한다. 제법개공[諸法皆空: 이 세상에 존재하는 모든 사물은 인연으로 생겼으며 변하지 않는 참다운 자아의 실체는 존재하지 않는다는 생각]이 진리다. 끊임없이, 남을 짓밟고서라도, 죽기 살기로, 절명의 그 순간까지, 그 어디도 실체가 없는 '나'를 붙잡고 애면글면하는 게 사람의 꼴이다. 그처럼 애지중지하는 '나'는 어디에 있는가? 실체로서의 나는 그 어디에도 없다. 최신림 시인이 그렇게도 사랑하는 흙의 냄새도, 그처럼 찾아 헤매던 자주적 정체성을 확립하려는 노력도, 그리고 진정성을 찾아 일상을 농사짓는 고뇌를 통해서 닿으려는 지점도 바로 여기–무아[無我: 실체 실상으로서의 자아는 그 어디에도 없음]의 경지이리라. 그리하여 하늘과 땅을 일구는 역사의 사람으로 거듭나고자 함일 것이다. 그랬을 때만이 어디에도 없는 나의 정체성이 비로소 천인합일하게 됨을 알았을 터이다.

최 시인의 시세계는 이런 그의 시정신 속에 잠재되어 있다. 그것은 있지도 않은 나를 현실에서 찾으려는 것이 아니라, 기나긴 세월의 강물과 같은 정신의 흐름 속에 던져

두어야 할 자아라는 깨달음을 확립하려는 시도였음을 알겠다. 세속의 휘둘림에 나를 방치하고서는 이룰 수 없는 꿈이다. 그것은 현시적인 나의 됨됨이를 이루고자 함도 아니다. 오로지 진공묘유[眞空妙有: 세상에 존재하는 모든 사물은 인연으로 생겼으며 변하지 않는 참다운 자아의 실체는 존재하지 않는다는 생각]한 깨달음의 세계를 지향하는 자만이 닿을 수 있는 시정신의 형상화다.

> 봄날은 화려한 꽃마차 타고
> 연록을 지나
> 시원始原으로 돌아가고 있다
>
> 계절을 농락한 바람
> 음흉한 미소 훔쳐
>
> 푸석푸석한 아카시아
> 향기로 지우고
>
> 봄은
> 그렇게 그렇게 가고 있다
>   -최신림「그렇게 간다」전문

 오랜 시절 인연을 오로지 참선으로 일관한 후 대각견성한 선승의 게송이거나, 선시로 보인다. 그것도 아니라면 좌탈입망[坐脫立亡: 앉은 채로 해탈하고, 선 채로 열반에 듦] 하는 노승의 오도

송[悟道頌: 고승들이 불도의 진리를 깨닫고 읊은 시가詩歌]이 될 만한 경지의 시심이다. 최 시인은 이래저래 불교와 인연이 깊다. 또한 그의 작품 세계는 불교적 세계관에서 비롯하였음 직한 특성도 보인다. 반드시 그런 인연 때문만은 아니겠지만, 그의 시정신이 일관되게 지향하고 있는 작품 세계를 조망하며 얻은 생각이다.

이 작품은 그런 단서에 옷을 입힐 수 있는 맞춤한 특성을 보인다. 항상 봄일 수 없음은 자연을 빙의한 인생의 진리다. 항상 젊을 수 없는 인생은 자연의 흐름을 따라 그 근원[始原]으로 돌아가야 한다. 자연이연自然以然이 진리다. 자연은 저절로 그렇게 되듯이 인생 또한 '그렇게 가는 것'임을 노래한다.

계절풍을 일년풍으로 착각하고 그 힘을 도모하려는 갑들의 세상도, 숨은 가면으로 웃음을 감춘 기득권 세력들의 농간도, 그렇게 그렇게 가고 만다, 봄은, 봄날은. 이럴 때 그래도 영원을 지향하며 살아남을 수 있는 것은 역사 앞에서 당당한 하늘과 땅의 합일을 지향하는 시인뿐이다. 하늘과 땅의 합덕을 노래하는 시문학뿐이다. 최신림 시인은 자신에게 주어진 이 사명을 올곧게 지탱하면서 하늘과 땅을 일구는 역사의 사람이고자 한다

최신림 시집

주인 잃은 마차

인쇄 2024년 6월 25일
발행 2024년 7월 1일

지은이 최신림
발행인 서정환
펴낸곳 인간과문학사
주　소 서울특별시 종로구 삼일대로 30길 21, 809호(종로오피스텔)
전　화 02)747-5874, 063)275-4000
팩　스 (063) 274-3131
이메일 sina321@hanmail.net essay321@hanmail.net
출판등록 제300-2013-10호
인쇄 · 제본 신아출판사

저작권자 ⓒ 2024, 최신림
이 책의 저작권은 저자에게 있습니다. 서면에 의한 저자의 허락없이 내용의
일부를 인용하거나 발췌하는 것을 금합니다.

저자와 협의, 인지는 생략합니다.
잘못된 책은 바꿔 드립니다.

ISBN 979-11-6084-187-9 03810
값 15,000원

Printed in KOREA

이 책은 전북자치도 문화관광재단 지역문화예술 지원금으로 재작되었습니다